PIERROT,

VALET DE LA MORT,

PANTOMIME EN SEPT TABLEAUX,

PAR

CHAMPFLEURY.

1840

1er Tableau. — STEEPLE-CHASE DES AMOUREUX.
2e   Id.   — FACHEUX EFFETS DES MÉDECINS ET DES MÉDECINES.
3e   Id.   — LE CABINET DE LA MORT.
4e   Id.   — PIERROT REVOIT LE SOLEIL.
5e   Id.   — LE MOULIN DE LA GALETTE.
6e   Id.   — MORT DE LA MORT.
7e   Id.   — APOTHÉOSE.

PERSONNAGES.

PIERROT,	MM. *Paul.*
ARLEQUIN,	*Cossard.*
POLICHINELLE,	*Vauthier.*
CASSANDRE,	*Antoine.*
LE DOCTEUR,	*Lafontaine.*
LA MORT,	*Frédéric.*
LA FÉE VITALIS,	Mme *Pauline.*
COLOMBINE,	*Béatrix.*

PHILOSOPHIE

DE LA PANTOMIME.

—

Je me promenais un matin sur les quais, rêvant à mon libretto d'*Arlequin dévoré par les papillons*, lorsqu'en bouquinant machinalement, je trouvai une brochure ainsi intitulée : « *De la nature hyperphysique de l'homme*, par Wallon; Paris, 1846. » J'ouvris la brochure et je lus :

« La croyance de la société future doit être le développement du christianisme. Tous les peuples modernes cherchent instinctivement comme la France, ou scientifiquement comme l'Allemagne, l'explication rationnelle du dogme chrétien. — Le Verbe doit apparaître de nouveau, se manifester logiquement dans l'humanité, et changer la simple croyance, la FOI, en une CERTITUDE absolue. La solution du problème du Verbe fait chair nous donnera l'immortalité *consciente*, seule digne de nous. L'homme SPIRITUEL se débarrassera définitivement de la mort, il tuera, écrasera la mort pour arriver à ses destinées supérieures ; alors il sera délivré des conditions matérielles et relatives qui arrêtent ses progrès. Les facultés psychologiques ou physiques seules connues et étudiées jusqu'ici se transformeront en facultés hyperphysiques, et l'esprit jouira de toute sa spontanéité créatrice. »

Ces quelques lignes, qui paraîtront peut-être d'un illuminisme digne de Swedenborg, furent pour moi un éclair. J'abandonnai à son malheureux sort *Arlequin dévoré par les papillons;* et, huit jours après, fécondé par le philosophe inconnu, Wallon, j'avais terminé *Pierrot, valet de la Mort.*

Non pas que j'aie eu l'intention de faire une pantomime avec tirades philosophiques, chose du plus fâcheux effet et qui rentrerait dans l'école du peintre *penseur* et du romancier *socialiste*. Ce *Pierrot, valet de la Mort*, est une œuvre simple comme bonjour, qui a pour but d'amuser et de faire jouir le spectateur d'un nombre illimité de coups de pied au cul et d'une myriade de soufflets.

Mais de même que la pensée jaillit d'un tableau, sans que l'artiste s'en soit inquiété, de même que des idées socialistes naissent de la lecture d'un roman où l'auteur n'aura semé que des observations et des faits, de même une simple farce peut conduire à un monde d'idées. C'est ce qui fait la grandeur, la puissance, et ce qui explique la supériorité de la pantomime sur la tragédie et la république (1).

Aussi sont aptes à comprendre tout entière la pantomime ceux-là seulement qui ont *lu* et *vu*

    M. GUIZOT, historien,

    M. VICTOR HUGO, poëte,

    M. DE BALZAC, romancier,

    M. EUGÈNE DELACROIX, peintre,

    M. WRONSKI, savant.

J'en veux pour preuve que les esprits les plus distingués et les plus fins de ce temps-ci ont aimé et ont chanté sur tous les tons la pantomime et Deburau.

Feu Charles Nodier fut un des premiers; mais ses amours les plus ardentes, il les réservait pour Polichinelle.

Il y a peut-être déjà quinze ans, cela passe si vite! M. Jules Janin écrivait deux in-12 à propos d'un théâtre

(1) Ceci doit s'expliquer plus tard. J'ai besoin d'un volume.

inconnu du boulevard du Temple. Le livre fit fortune, et en même temps celle du bouge. Voilà tout le grand monde de ce temps-là qui courut voir le mime. Le théâtre, grand comme la maison de Socrate, faisait des recettes de Cirque-Olympique. Plus tard, on attaqua violemment M. Janin au nom de Pierrot; on parlait de ce livre presque comme d'une mauvaise action. Ils ne l'avaient pas lu, ceux-là, — à moins que l'esprit ne soit une mauvaise action !

Théophile Gautier est allé plus d'une fois aux Funambules en compagnie de Shakspeare et de Gérard de Nerval. Ces impressions laissèrent un germe qui se développa un jour, sous la forme d'une pantomime racontée dans la *Revue de Paris*. L'idée est d'une grande originalité. Voici en peu de mots : Pierrot tue un marchand d'habits pour jouir à moins de frais d'un vêtement convenable. Il l'enterre dans une cave sous des bûches. Pierrot est au comble de la joie : il va se marier; mais, dans l'église, une voix bien connue se fait entendre : *Rrrrrchand d'habits!!* Cette voix le poursuit partout; dans les grandes circonstances de sa vie, la voix mystique, — sa conscience, — le poursuit du terrible cri : *Rrrrrchand d'habits!*

Un jour Théophile Gautier se trouva auteur des Funambules sans le savoir; le librettiste ordinaire de l'endroit avait trouvé le sujet bon, — il avait du nez, — et il l'accommoda en pantomime, sous le titre du *Marchand d'habits*. La pièce eut un grand succès; les voyous du paradis, qui ont vu tant de chefs-d'œuvre se succéder, parlent encore avec enthousiasme du *Marchand d'habits*, qui cependant n'a pas été repris depuis trois ans.

Gérard de Nerval est allé en Italie, en Angleterre, en Allemagne, uniquement pour étudier la pantomime de ces différents pays.

—

J'en ai connu qui s'étonnaient de l'étroite amitié de Théophile Gautier et de Gérard de Nerval. Les littérateurs passent pour se haïr assez volontiers, — malgré le cachet de la Société des gens de lettres, sur lequel sont gravées deux mains étroitement unies.

Mais une amitié si durable, une fréquentation toujours agréable et nouvelle, quoiqu'elle date de loin, tient à un lien bien simple : les deux amis traitent de la pantomime.

—

Un jeune poëte de talent, M. Théodore de Banville, s'est inquiété, — dans une Revue, — des petits théâtres du boulevard ; il a bien voulu citer quelques-unes de mes opinions sur Deburau, ce qui m'empêche fort de lui dire tout le bien que je pense de ses travaux.

—

Aussi, en présence de ces attestations, doit-on peu s'inquiéter des errements du feuilletonniste de *la Réforme*, qui niait Deburau et qui traitait de paradoxe cette grande réputation. Je le renverrai à M. Rolland de Villarceaux : « On a dit quelquefois que la renommée de Deburau était une œuvre du caprice de quelques écrivains; mais ceux qui ont avancé cette opinion hérétique *n'avaient pas un sentiment vrai des choses dramatiques.* » (*La Comédie Italienne et Deburau*, Revue Nouvelle.)

STANCES SUR DEBURAU.

I. — Ignorants ceux-là qui regrettent la mort de Deburau. Cette fin est un trait de génie. Il est mort comme Molière, — du théâtre.

II. — Rien ne pouvait ajouter à sa gloire, — quand bien même il eût été nommé membre de l'Institut.

III. — Plus adroit que M. Ponsard, Deburau n'a pas fait de tragédies.

IV. — La jeune génération qui l'a vu peut se consoler de n'avoir pas connu Talma.

V. — Les sculpteurs ont persuadé aux Français que leurs grands hommes n'étaient pas assez honorés. Les mêmes sculpteurs entendent par *honneurs* une statue ou une fontaine. On parle déjà d'élever un tombeau à Deburau.

VI. — Folle idée! Deburau a été peint et sculpté depuis

longtemps par les Égyptiens; il est même très-répandu : on le retrouve, gestes, allures, masque, sur l'Obélisque, sur les enveloppes de momies et sur le zodiaque du Denderah.

VII. — Deburau, ce mime d'un talent si comique, tua un jour un homme. Celui-là trouva son jeu brutal.

VIII. — Comme on portait à l'église le cadavre du paillasse défunt, pendant le *Dies iræ,* une foule joyeuse assistait à une noce dans une chapelle voisine.

La vie est une route bordée d'antithèses.

IX. — Qui sait si la vie n'est pas une mort, et la mort une vie? disait Euripide.

X. — Euripide a raison, c'est tout un. J'ai connu un banquier. De son vivant, il était roide, immobile et corrupteur.

Mort, il est roide, immobile et corrompu.

XI. — Le costume de Pierrot était blanc.
    Son linceul est blanc.

XII. — Deburau a passé sa vie sur les planches.
    Il repose tranquillement dans des planches.

. . . .

LES DERNIERS JOURS

DE DEBURAU.

Divers feuilletonnistes mal informés prétendent, les uns que Deburau est mort d'une chute dans le *troisième dessous* des Funambules, les autres par l'annonce prématurée de son décès. — Deburau est mort d'un asthme qui le minait depuis cinq années.

Les médecins lui avaient prescrit un repos assez long; mais il songeait à *son* public. Depuis cinq ans, il toussait à *rendre les poumons*. Sitôt qu'il entrait en scène, la maladie le quittait; il redevenait pour un quart d'heure jeune, heureux et bien portant. Cependant la terrible maladie attendait dans les coulisses, sous le quinquet huileux, et posait sa griffe sur la poitrine du mime, à chacune de ses *sorties*.

La toux devint tellement impérieuse, que Deburau fit relâche forcément. Un jour, il se trouva mieux; l'affiche annonça sa *rentrée*.

L'Opéra donnerait une œuvre inédite de Meyerbeer ou

de Rossini que les esprits seraient moins agités au boulevard des Italiens que ceux du boulevard du Temple à cette nouvelle.

Deburau ne jouait pas depuis quinze jours, trois semaines au plus, et la *queue* s'étendait frétillante, remuante, grouillante, nombreuse à remplir cinq théâtres.

Notez qu'on jouait les *Noces de Pierrot*, une des moins heureuses pièces des Funambules, une pantomime qui n'est autre que l'éternel *Déserteur* de Sédaine, une farce ennuyeuse qui sent le rance et le moisi, qui a été jouée six mille fois à ce même théâtre. Il faut de l'enthousiasme comme en a cette foule pour se presser, s'entasser et s'asphyxier par soixante degrés de chaleur. S'il y avait un thermomètre au *poulailler*, les plus osés descendraient à l'instant.

On s'imagine les cris et les huées des spectateurs pendant la première moitié de la soirée. Au dehors, ceux qui n'avaient pu entrer criaient et huaient double. Après les trois vaudevilles, on frappa les trois coups d'usage.

Depuis bien longtemps je m'inquiète des musiciens des Funambules. La contre-basse a toutes mes sympathies; j'en garde de côté quelques-unes pour le cor. — Peut-être cela vient-il de ce que j'ai accompagné, pendant six ans, l'opéra-comique en province, en qualité de corniste et de violoncelliste... amateur. — La musique est *passionnelle* avant tout; mais, comme tous les arts qui deviennent métiers, c'est le travail le moins attrayant qui se puisse imaginer. Un musicien qui accompagne soixante fois *Robert-*

le-Diable est aussi malheureux qu'un musicien qui accompagne vingt-cinq fois la musique-mélodrame de *la Nonne sanglante*. Chefs-d'œuvre ou platitudes ne font qu'un dans ces circonstances.

Mais aux Funambules tout change. Les phalanstériens, qui proclament avec tant de zèle le *travail passionnel*, trouveront dans cet étroit boyau, où sont entassés six musiciens, la réalisation de leurs prophéties. Quand il s'agit d'accompagner la pantomime, ces musiciens y mettent une ardeur et une fougue dignes d'un meilleur sort.

Le violon fait cabrer ses doigts sur le manche de l'instrument.

Les joues de la clarinette s'enflent d'enthousiasme.

La contre-basse parcourt des *portées* inconnues.

Le cor sonne avec allégresse.

L'alto, mélancolique d'ordinaire, a des larmes dans les yeux. Quant au chef d'orchestre, il ne se connaît plus : de ses cheveux jaillit l'harmonie; il *nage dans le bleu*.

Le jour de la rentrée de Deburau, l'orchestre se surpassa. Pour fêter ce retour, l'orchestre exécuta comme ouverture un air du vieux Gluck, un fragment du chœur d'*Armide*, — de la musique grande, simple et immortelle.

La toile se leva avec solennité. Deburau parut dans son costume de blanc fiancé, un bouquet à la boutonnière, une jolie fille sous le bras. Il est impossible de rendre l'enthousiasme de la salle; c'était de la frénésie. Les quatre cents têtes du paradis étaient plus que joyeuses; les huit cents yeux dévoraient le mime des yeux; les quatre cents bouches hurlaient : Bravo! Cela tenait du délire. Les bouches qui n'avaient pu entrer criaient à la porte.

Deburau mit simplement la main sur le cœur, au-dessous de son bouquet de fiancé. Une larme coula sur la farine de son visage.

Ce soir-là, Deburau fut grand comme un poëme d'Homère. Une vraie larme au théâtre, c'est si rare!

Peu après, un petit incident prouva bien la sainteté de cette représentation. Sur le théâtre, à l'introduction de la pantomime, sont groupés des paysans et des paysannes. A l'écart, le bailli (*M. Laplace*), qui est un traître, rumine ses projets infâmes. L'orchestre entame la ritournelle de la contredanse.

A l'ordinaire, Deburau se livrait à des danses excentriques, dont il a emporté le secret, qui étaient un mélange des pas du directoire et des pas plus audacieux du *cancan*. Ému plus que d'habitude, le cœur trop plein de joie, Deburau ne dansa pas.

— La *chahut!* cria une voix de voyou en goguette, une voix qui devait puer l'ail et l'eau-de-vie de marc.

— Non! non! répondit la salle tout entière.

Le peuple grossier a soudain des moments d'exquise délicatesse; il avait compris l'émotion de son grand comédien. L'homme à la *chahut* fut mis brutalement dehors.

Le soir, à minuit, un rassemblement se forma dans la rue des Fossés-du-Temple, près de la petite entrée noire et enfumée des acteurs. Deburau sortit; il avait conservé, par pressentiment sans doute, son blanc bouquet de fiancé.

C'était son bouquet d'épousailles avec la Mort.

Les mille voix crièrent : Vive Deburau! Mais la Mort, la goule cruelle, avait hâte d'étreindre dans ses bras son pâle épouseur...

Il mourut à quelques jours de là.

SOUS PRESSE :

LES GRANDS HOMMES DU RUISSEAU,

VIE ET OPINIONS

De feu *Miette*, le dernier des saltimbanques ;
Liard, chiffonnier philosophe ;
feu *Cadamour*, roi des modèles ;
Madame Hercule, ...
Bug-Jargal, doyen des croque-morts ;
Canonnier, le vieux rapin ;
L'élève de Moreau, tireur de cartes ;
Mozambique, le nègre négrophobe ;
Maupin, ex-page du palais impérial ;
La fille Crucifix, ...
Chien-Caillou, graveur ;
Le dieu Lhôpital.

Par **CHAMPFLEURY**.

1 volume, avec illustrations, portraits et autographes.

PARIS. — IMPRIMERIE DE GERDÈS,
RUE SAINT-GERMAIN-DES-PRÉS, 10.

www.ingramcontent.com/pod-product-compliance
Lightning Source LLC
Chambersburg PA
CBHW061614040426
42450CB00010B/2474